Gazzotti
Vehlmann

seuls

10 La machine à Démourir

DUPUIS

_ Merci à Bruno d'avoir relevé les défis graphiques que nous imposait cette histoire... Je crois que ça en valait la peine!
Fabien

_ Merci à Ali, J-C, Fabien, Lucie.
Bruno

Couleurs = Usagi

PREMIÈRE ÉDITION

Conception graphique : Stefan Dewel
Mise en page : Dominique Paquet

D.2016/0089/070
ISBN 978-2-8001-6717-6
© Dupuis, 2016.
Tous droits réservés.
Imprimé en France par PPO Graphic.

Certifié PEFC
Ce produit est issu
de forêts gérées
durablement et de
sources recyclées
et contrôlées.
PEFC
10-31-1800   pefc-france.org

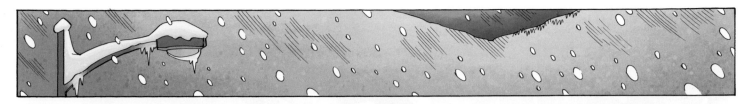

"... C'ÉTAIT PAR LÀ-BAS.

"... HAAN...

Y' AVAIT TOUT PLEIN DE LUMIÈRE, J'TE DIS! J'AI VU ÇA DEPUIS LA COLLINE!

ON POURRA P'T-ÊTRE SE METTRE À L'ABRI, PASSKE SINON, ON FINIRA BLEUS COMME DES SCHTROUMPFS ET P'IS ON S'RA MORTS!

ENFIN, ON S'RA ENCORE PLUS MORTS, J'VEUX DIRE.

ALLEZ, COURAGE, KOUPCHOU! J'CRO'S QUE C'EST LÀ'!

?!!

ON VA RESTER ICI LE TEMPS QUE ÇA S'CALME ! APRÈS, PROMIS, ON S'REMETTRA À CHERCHER NÉOSALEM, POUR ARRÊTER D'ÊTRE PERDUS !

J'SAIS QU'TU VEUX LIBÉRER LUCIE, ET PIS MOI J'VEUX SAUVER LEÏLA, J'SUIS SÛR QU'LES AUTRES MÉCHANTS L'ONT RAMENÉE DANS LEUR CHÂTEAU !

...HAAN !

T'AS TROUVÉ QUOI, KOUPCHOU ?

OUAAAH...

MEGA

TOY FAIR

TOY FAIR
1500

5e salon du JOUET

C'EST TROP BIEN, ICI !

SAL... SALON DU... DU JOUET !! LA CHANCE DE **OUF** QU'ON A !!

ÇA DONNE **TROP ENVIE** DE COURIR **PARTOUT** COMME UN **GROS DINGO** POUR TOUT ESSAYER !

NAN, NAN, NAN, CALME-TOI, TERRY ! FAUT PLUS PENSER COMME UN PETIT, MAINTENANT !

DODJI F'RAIT QUOI, S'IL ÉTAIT AVEC NOUS, KOUPCHOU ?

J'PENSE QU'IL COMMENCERAIT PAR TOUT VISITER ... POUR VOIR SI Y A DES TRUCS UTILES, DES CHOSES À MANGER, OU ALORS DES DANGERS CACHÉS ... C'EST ÇA QU'Y FERAIT !

MMHMM ... EN MÊME TEMPS, J'PEUX AUSSI TOUT VISITER **MAIS** EN COURANT PARTOUT COMME UN GROS DINGO.

WÉÉÉÉÉÉ!

TU VOULAIS DÉJÀ ME QUITTER, DODJI ?

SHLAK!

TU N'AS POURTANT PAS ENCORE RÉELLEMENT APPRIS À ME CONNAÎTRE ...

...MAIS PEUT-ÊTRE VOULAIS-TU SEULEMENT RESTER UN PEU SEUL, LE TEMPS DE REPENSER À TOUT CE QUI T'EST ARRIVÉ ?

4

OOOOOOOOHHH!!!

ALORS TU VAS ÊTRE SERVI.

JE VAIS T'OFFRIR UN LIEU OÙ PERSONNE NE POURRA TE TROUVER.

PUISQU'IL N'A AUCUNE AUTRE PORTE QUE CELLE QUE JE LUI CRÉE.

WOOOO

BIENVENUE DANS TON ROYAUME, DODJI...

ICI, TU AURAS TOUT LE TEMPS DU MONDE POUR RÉFLÉCHIR !!! HA! HA!

WWOOOOO...

"SORTEZ-MOI DE LÀ!" PAR PITIÉ "

SORTEZ-MOI DE LÀ!!

5

VOUPVOUPVOUPVOUPVOUPVOUP

DES ZÉLICOS ?!

Y A DES ADULTES QUI VIENNENT NOUS AIDER, C'EST ÇA ? FAUT LEUR FAIRE DES SIGNES !

"HAAAN"

QU'EST-CE QU'T'ESSAIES DE ME DIRE ? J'COMPRENDS RIEN.

OH NON "" LA 6e FAMILLE !

FAUT SURTOUT PAS S'FAIRE VOIR ! Y VONT ESSAYER D'NOUS CAPTURER OU D'NOUS TUER !!

J'ÉTAIS TROP BÊTE, AUSSI "" ÇA POUVAIT PAS ÊTRE DES ADULTES, VU QU'Y EN A PAS DANS LES LIMBES ! "" MAIS J'AVAIS TELLEMENT ENVIE QUE "" QUE ""

"" J'VEUX MES PARENTS ! ILS ME MANQUENT TROP ""

...HHH!

D 32

KERDOL 12 Km

C'EST LÀ-BAS QU'ON PASSAIT L'ÉTÉ EN FAMILLE ... POURQUOI JE SUIS RÉAPPARU ICI, ET PAS À FORTVILLE OU DANS LA MONTAGNE OÙ JE SUIS MORT ?

ET PUIS J'AI MA COUPE D'AVANT... J'Y COMPRENDS RIEN.

EN TOUT CAS, J'PEUX ALLER JUSQU'À LA MAISON DE VACANCES DE PAPA ... JE ME SOUVIENS OÙ ÉTAIT PLANQUÉE LA CLÉ, JE POURRAI ME RÉCHAUFFER.

UN CADENAS À 4 CHIFFRES ... ÇA DOIT ÊTRE JOUABLE.

KERDOL 12 Km

APRÈS TOUT, ÇA FAIT JAMAIS QUE 10 000 POSSIBILITÉS.

KLIK KLIK KLIK ...

D 32

KERDOL 12 Km

8

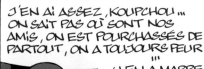

J'EN AI ASSEZ, KOUPCHOU... ON SAIT PAS OÙ SONT NOS AMIS, ON EST POURCHASSÉS DE PARTOUT, ON A TOUJOURS PEUR ... Y EN A MARRE D'ÊTRE MORTS !

CE QU'IL FAUDRAIT, C'EST POUVOIR REVENIR EN ARRIÈRE ... QUE TOUT R'VIENNE COMME AVANT, COMME DANS LES FILMS OÙ ...

OH PUNAISE, KOUPCHOU... JE SAIS !

DANS LES FILMS, LES SAVANTS FOUS, ILS Z'ARRIVENT À FAIRE DÉMOURIR LES GENS !! ON VA FAIRE COMME EUX !!

...HHÂAAN ?

ON VA FABRIQUER **UNE MACHINE À DÉMOURIR !**

BEN NAN, J'SAIS PAS ENCORE COMMENT, MAIS ON VA TROUVER, T'INQUIÈTE !

FRANKIE

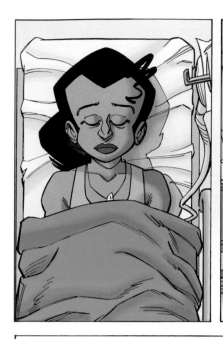

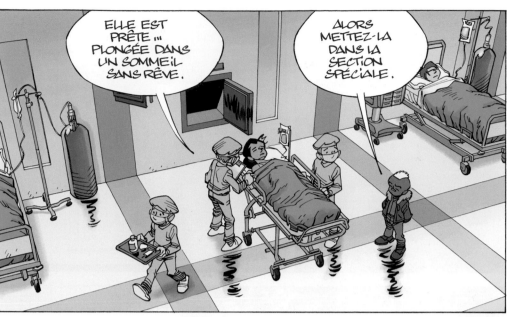

ELLE EST PRÊTE... PLONGÉE DANS UN SOMMEIL SANS RÊVE.

ALORS METTEZ-LA DANS LA SECTION SPÉCIALE.

GÉNÉRAL, NOUS SOMMES EN LIAISON RADIO AVEC L'ESCADRON DE RECONNAIS-SANCE. LES HÉLICOPTÈRES SONT À MI-CHEMIN DE FORTVILLE.

VEILLEZ À CE QUE PERSONNE NE PUISSE JAMAIS ACCÉDER À ELLE, À PART MOI!

KLONK

SON OF A BITCH!!

⑩

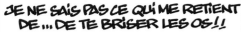

...TU AS TUÉ CAMILLE! TU AS TUÉ CELLE QUE J'AIMAIS!!

JE NE SAIS PAS CE QUI ME RETIENT DE ...DE TE BRISER LES OS!!

WWWWWWWOOUUUUOOUW

KLING KLANKS KLING

KLANG KLING HIIII

JE TE PRÉSENTE MES PLUS HUMBLES EXCUSES, MONSEIGNEUR, MAIS JE NE PENSAIS QU'À TE PROTÉGER.

CAR J'AI TUÉ UNE ENFANT QUI N'AVAIT PROBABLE-MENT GAGNÉ TA CONFIAN-CE QUE POUR MIEUX TE TRAHIR ENSUITE...

ET MON INTUITION ÉTAIT JUSTE, TU AS VU CE QU'ELLE EST DEVENUE APRÈS QUE JE L'AI FRAPPÉE.

11

ELLE ÉTAIT CERTES L'ÉLUE DU MAL, C'EST MAINTENANT UNE ÉVIDENCE... MAIS EN LA TUANT, TU LUI AS PERMIS DE RENAÎTRE AILLEURS ET DE NOUS ÉCHAPPER!

ALORS QUE SI NOUS L'AVIONS ENFERMÉE DANS LA CHAMBRE BLANCHE, COMME LEÏLA, NOUS AURIONS PU LA NEUTRALISER POUR TOUJOURS!!

ALORS POURQUOI NE L'AS-TU PAS FAIT AVANT MON ARRIVÉE, ÉLOI?

LA MAIN AVAIT CLAIREMENT DÉSIGNÉ LA PETITE LUCIE COMME ÉTANT DÉTENTRICE D'UN POUVOIR MALÉFIQUE! PAR AILLEURS, COMME C'ÉTAIT LA PREMIÈRE FOIS QUE L'ON VOYAIT UN BÉBÉ DANS LES LIMBES, NOUS AVONS CRU... NOUS...

VOUS AVEZ ÉTÉ FAIBLES ET INDÉCIS, VOILÀ TOUT.

NOUS CHERCHIONS À GAGNER DU TEMPS! SAIS-TU QUE DES QUESTEURS, PARTIS PLUS À L'EST, M'ONT ASSURÉ AVOIR RÉCEMMENT TROUVÉ DE SÉRIEUX INDICES CONCERNANT LA PORTE CACHÉE?

ÉLOI, JE NE CROIS PLUS À CETTE HISTOIRE DE PASSAGE QUI NOUS PERMETTRAIT DE QUITTER LES LIMBES ET D'ACCÉDER À JE NE SAIS QUEL PARADIS... NOUS L'AURIONS TROUVÉ DEPUIS DES LUSTRES.

LES SEULES PORTES QUE J'AI VUES AU COURS DES SIÈCLES SONT CELLES QUI SE SONT OUVERTES AU CENTRE DES TERRES BASSES LORS DE CHAQUE CONFLIT... ET DE CES PORTES-LÀ, LES NÔTRES NE REVIENNENT QUE TERRIBLEMENT TRANSFORMÉS.

CE QUE JE CROIS EN REVANCHE, C'EST QU'IL NE FAUT JAMAIS CRAINDRE LE COMBAT, MAIS AU CONTRAIRE LE DEVANCER...

GRÂCE À TOI, SAÜL, NOUS GAGNERONS CETTE NOUVELLE GUERRE DES LIMBES!

VOILÀ! ÇA COMMENCE À ÊTRE UNE MACHINE DE COMPÈTE!

POUR L'ÉNERGIE, J'AI RÉCUPÉRÉ LES PILES DES POUPÉES-QUI-CH'IALENT ET J'LES AI MISES DANS LE MOTEUR.

MOTEUR

ET P'IS J'AI DESSINÉ UN PANNEAU DE COMMANDE HYPER BIEN = T'AS VU TOUS LES CADRANS ET LES BOUTONS ROUGES QUE J'AI COLORIÉS? C'EST TRÈS TECHNOLOGIQUE.

BON... BEN Y A PLUS QU'À ESSAYER, J'IMAGINE...

BEN OUAIS, VOILÀ.

OUAIS, OUAIS, OUAIS!!!

OUAIS, MAIS...

MAIS KESKI VA S'PASSER SI J'RETOURNE DANS MON CORPS QU'EST ENTERRÉ DANS UN CIMETIÈRE?

AVEC LE ZIZI ET LE PIF TOUT BOUFFÉS PAR LES ASTICOTS?

13

AAAAAH!! NAAAAN!

ÇA VA PAS! COMMENT J'PEUX ÊTRE SÛR DE DÉMOURIR PRO-PREMENT ?! ... J'POURRAIS MÊME ME RÉINCARNER EN CAFARD QUI MANGE DU CACA!

LE TRUC HORRIB', C'EST QUE J'PEUX SAVOIR QU'EN ESSAYANT! J'AI DROIT QU'À UNE CHANCE!

J'VOIS VRAIMENT PAS COMMENT JE ...

A Y EST! JE SAIS!!

TU PEUX V'NIR, KOUPCHOU! C'EST PRÊT!

14

R'GAD'... CE QUI MANQUAIT POUR QU'MA MACHINE SOIT NICKEL, C'ÉTAIT **L'ÉNERGIE MAGIQUE** POUR FAIRE **UN MIRACLE !**

ET ÇA TOMBE TROP BIEN, PASSQUE NOËL, C'EST LA **FÊTE À JÉSUS** ET QUE JUSTEMENT, JÉSUS, IL FAIT **DÉMOURIR LES GENS !**

RIEN QUE LUI, TU CROIS QU'IL EST MORT SUR LA CROIX, PIS EN FAIT, IL EST RÉSSURECT... RÉSUCT...

IL **REVIENT !!** TOUT BLANC, TOUT PROPRE, PAS POURRI-ZOMBIE ! C'EST SUPER BIEN FAIT !

PIF !

DU COUP, J'AI BRICOLÉ ÇA DANS L'MOTEUR = C'EST UN **PÈSE-MIRACLE !**

SUR UN DES PLATEAUX, Y'A LA CRÈCHE REFAITE AVEC DES JOUETS = MARIE, JOSEPH, LE BŒUF, L'ÂNE ET LE DIVINANFANT.

QUAND LA BALANCE, ELLE VA BASCULER, C'EST QU'Y AURA EU L'MIRACLE ! PASSQUE LA CRÈCHE SE S'RA ENVOLÉE DANS L'CIEL, TU COMPRENDS ?

ALORS LÀ, LE DRAPEAU VA S'LEVER, ET ÇA DIRA QU'LA MACHINE EST PRÊTE = ON POURRA RENTRER CHEZ NOUS !

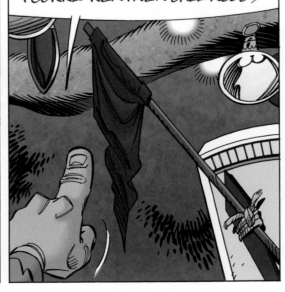

MAIS TU T'DEMANDES COMMENT QU'ON FAIT ARRIVER LE MIRACLE ?

C'EST POUR ÇA QU'J'AI DIT QU'ON DEVAIT FÊTER NOËL ET S'OFFRIR DES TRUCS !

PASSQUE LA MAGIE, ELLE VIENT QUAND LES GENS, ILS SONT **GENTILS** ET SE FONT DES **CADEAUX**. J'AI VU ÇA DANS 15000 FILMS !!

ALORS VAZY, QU'EST-CE QUE TU VAS M'OFFRIR ?

ET ATTENTION, ON A DIT " PAS DES JOUETS ", HEIN, C'EST TROP FACILE, ICI !

MAIS NAN, KOUPCHOU !! ÇA C'EST UN CADEAU QUE T'AIMERAIS **TOI** !! ÇA VAUT PAS ! C'EST PAS L'ESPRIT D'NOËL !!

QUAND J'AI OFFERT UN PLAYMOBIL À MAMAN, ELLE M'A BIEN ATTRAPÉ !

TU VAS COMPRENDRE, R'GARDE.

ÇA, C'EST POUR **TOI** !!

HA ! HA ! T'ATTENDAIS PAS, HEIN ? J'L'AI TROUVÉE DANS L'COIN OÙ Y VENDAIENT DES SAPINS !

SKRRTCH

MOI, J'M'EN FICHE DES TRONÇONNEUSES, J'M'AI DIT QU'TOI, COMME T'ES BIZARRE, T'ALLAIS ADORER, C'EST **ÇA** L'ESPRIT D'NOËL !

MOI AUSSI, J'AI DES CADEAUX POUR VOUS.

1 !!

16

CELUI-CI EST POUR LE MAÎTRE DES COUTEAUX.

CAMIIIIIIIIILLE!!

SMOUTCH! SMOUTCH!!

HA!HA! DU CALME, TERRY!

CHUIS TROP CONTENT! COMMENT K'T'AS FAIT POUR NOUS R'TROUVER?

JE TE RACONTERAI ÇA PLUS TARD, C'EST UNE LONGUE HISTOIRE.

LE MAÎTRE N'A PAS L'AIR AUSSI HEUREUX DE ME VOIR...

BEN POURQUOI TU FAIS LA GUEULE, KOUPCHOU?! CAMILLE EST AVEC NOUS!

ELLE A MÊME UN CADEAU POUR TOI, VAZY, OUVRE-LE!

PUNAISE, C'EST LOURD!

PAR CONTRE, JE DOIS T'AVOUER QUELQUE CHOSE, TERRY!

LE SOIR DE MA MORT, JE PENSAIS AVOIR BASCULÉ PAR LA FENÊTRE DE MA CHAMBRE EN ESSAYANT DE RATTRAPER MES COPIES.

MAIS ÇA NE S'EST PAS PASSÉ COMME ÇA, TU SAIS... ÇA M'EST REVENU.

17

EN FAIT, COMME MES COPIES AVAIENT ÉTÉ EMPORTÉES DANS LA RUE, J'AI DÉCIDÉ DE DESCENDRE LES CHERCHER.

MAIS SANS RIEN DIRE À MES PARENTS, PARCE QU'ILS NE M'AURAIENT PAS AUTORISÉE À SORTIR SI TARD.

JE N'AI MÊME PAS PRIS DE MANTEAU, IL FAISAIT CHAUD, ET JE PENSAIS REVENIR TOUT DE SUITE.

JE N'AVAIS VRAIMENT AUCUNE IDÉE DE CE QUI ALLAIT M'ARRIVER, CETTE NUIT-LÀ.... LA VIE EST PARFOIS TRÈS ÉTRANGE....VOUS NE TROUVEZ PAS ?...

ELLE PEUT MÊME FAIRE UN PEU PEUR, QUAND ON Y RÉFLÉCHIT BIEN.

RHAAAAAAAAA!!!

18

RE-TOURNONS ENSEMBLE À FORTVILLE, TU VEUX BIEN ?

JE TE DONNERAI TON CADEAU LÀ-BAS... TU NE SERAS PAS DÉÇU.

REJOINS-MOI VITE, TERRY ! ...

... JE ME SENS TELLEMENT SEULE, SANS MES AMIS.

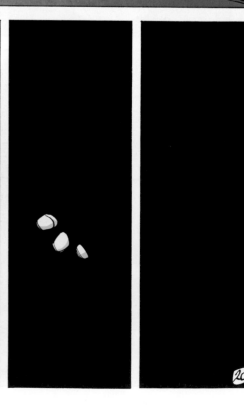

C'... CAMILLE?

VRAAA RHAAA!!

VRAAAMVRAAA
KRAAA

HAAA! VRAAA

BRR BRR
BRRRRB

VRAAAAMVR

ATT... ATTENDS, KOUPCHOU!! JE...J'COMPRENDS RIEN À C'QUI S'PASSE NON PLUS! MOI J'SUIS TON AMI, TU L'SAIS, PAS VRAI?

VRAAAM
VRAAA

KOUPCHOU!
NAAAANN,
STEUPLÉÉÉ!

J'M'EXCUSE POUR LES TRUCS QUI T'AURAIENT FÂCHÉ ! ET MÊME, J'T'APPELLERAI PLUS JAMAIS KOUPCHOU, PROMIIIIIIIIIIIIS !!

BRRRMBRRR

HIIII

VRAA VRA

C'EST HORRIB' !! IL R'D'VIENT FOU COMME AU DÉBUT !!

VRAAM VRAAM

VRAAM... KRAK

!!

IL A PÉTÉ SON CA- DEAU ! ÇA ME DONNE UNE CHANCE DE... !!

KRRR

HAAAAA !!

!!

JE ME FAIS BEAUCOUP DE SOUCI POUR MES AMIS... JE N'AI PLUS AUCUNE NOUVELLE D'EUX.

ALORS, POUR ÉVITER DE TOURNER EN ROND, JE ME SUIS REPLONGÉ DANS MON TRAVAIL. JE FAIS TOUJOURS ÇA QUAND JE SUIS ANGOISSÉ.

ET TU AS AVANCÉ SUR QUOI ?

SUR LA PRINCIPALE CONTRADICTION DE MA PREMIÈRE THÉORIE DES LIMBES.

PARCE QUE D'UN CÔTÉ, J'AI DIT QUE LES LIMBES ÉTAIENT PROBABLEMENT LE PRODUIT DE TOUS NOS IMAGINAIRES **RÉUNIS** = L'INCONSCIENT COLLECTIF.

ET D'UN AUTRE CÔTÉ, J'AI DIT QUE CHAQUE ENFANT VIVAIT PROBA- BLEMENT DANS **SA** DERNIÈRE MICROSECONDE DE CONSCIENCE, DANS UN TEMPS **TOTALEMENT SÉPARÉ** DE CELUI DES AUTRES.

4e dimension temps physique

ET C'EST LÀ QUE J'AI EU UNE IDÉE, EN REGARDANT UN VÉLO !

1

POUR QUE CES DEUX THÉORIES PUISSENT COHABITER, IL FAUT MODIFIER UNE DONNÉE...LA FORME DE LA LIGNE DU TEMPS !

CAR SI CETTE LIGNE N'EST PAS DROITE MAIS **COURBE**, ALORS LE TEMPS EST CIRCULAIRE ET TOUS CES IMAGINAIRES DISTINCTS PEUVENT SE RÉUNIR EN SON CENTRE !

J'AI APPELÉ "ALTERCHRONIE" LES TEMPORALITÉS QUI SE MÉLANGENT AU CENTRE DU TEMPS ET QUI SEMBLENT OBÉIR À DES LOIS SPÉCIFIQUES, SI J'EN CROIS L'ULTIME COUP DE FIL D'YVAN ...

24

UN TEMPS CYCLIQUE...CELA RECOUPE DE TRÈS ANCIENNES CROYANCES, TU SAIS ?

TES THÉORIES SONT ICONOCLASTES MAIS ONT LE GRAND MÉRITE DE NOUS FAIRE RÉFLÉCHIR.

EN REVANCHE, CHOISIS AVEC SOIN CEUX À QUI TU EN PARLERAS, CAR TOUSSAINT NE SERA PAS AUSSI OUVERT D'ESPRIT QUE MOI...IL POURRAIT ORDONNER DE BRÛLER TES NOTES, ET TOI AVEC.

TOUSSAINT, JE... JE DÉTESTE CE SALE GNOME ! POURQUOI ACCEPTEZ-VOUS D'OBÉIR À SES ORDRES ?

PARCE QU'IL APPARTIENT À LA 5e FAMILLE. CELLE DES "MAGISTERS".

CE SONT DES ENFANTS AUX CHEVEUX BLANCS, GÉNÉRALEMENT TRÈS ÂGÉS, MAIS SURTOUT QUI SONT DEVENUS SI DOUÉS DANS LEURS SPÉCIALITÉS QU'ILS S'APPARENTERAIENT PRESQUE À DES MAGICIENS.

ILS FORMENT UNE CASTE SECRÈTE NE SE RÉVÉLANT QU'À DE RARES OCCASIONS. TOUSSAINT EST LE PREMIER À NOUS AVOIR REJOINTS...

...MAIS D'AUTRES SUIVRONT BIENTÔT, ET IL EN EST SANS DOUTE DÉJÀ, AUTOUR DE NOUS, QUI ONT MASQUÉ LEUR IDENTITÉ.

SAUL FERAIT PARTIE DE CES MAGISTERS ? À NÉOSALEM, CERTAINS PRÉTENDENT QU'IL A DES POUVOIRS !

25

NON, LES MAGISTERS DÉVELOPPENT LEURS TALENTS PAR LE TRAVAIL ET LA PERSÉVÉRANCE, TANDIS QUE LES DONS DES ÉLUS DU BIEN SONT SURNATURELS.

C'EST POUR CELA QUE LES ÉLUS APPARTIENNENT À LA 3e FAMILLE, CELLE DES IMPERATORS !

MAIS JE T'EN AI DÉJÀ TROP DIT... JE VOULAIS JUSTE TE PRÊTER QUELQUES LIVRES POUVANT T'AIDER DANS TES RECHERCHES.

HEIN, MAIS ?? ... ATTENDEZ, VOUS EN AVEZ TROP DIT OU PAS ASSEZ ! ET LA 4e, ALORS... ET VOUS N'AVEZ MÊME PAS PARLÉ DES DERNIÈRES FAMILLES !

LES DERNIÈRES FAMILLES...

ELLES SONT L'EXACT OPPOSÉ DES PREMIÈRES... LEUR REFLET TÉNÉBREUX.

MAIS JE T'INTERDIS FORMELLEMENT D'ESSAYER D'EN SAVOIR PLUS À LEUR PROPOS.

...

CEUX QUI L'ONT FAIT DANS LE PASSÉ SONT TOMBÉS SOUS LEUR EMPRISE.

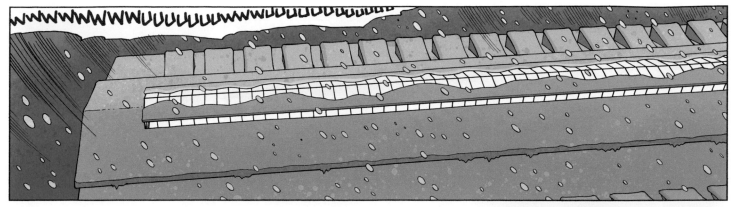

BON ALORS, J'... J'CROIS QU'LE MAÎTRE, IL EST PAS LÀ ?
"'

PASSKE IL A L'AIR TROP, TROP ÉNERVÉ APRÈS MOI ! ... ALORS QUE J'AI RIEN FAIT, MOI ! ! C'EST CAMILLE ! !

ET PIS D'ABORD POURQUOI ELLE EST DEVENUE EFFRAYANTE COMME ÇA, CAMILLE ?! C'ÉTAIT ELLE, L'ENFANT-MINUIT, ALORS ?

PIS Y'A LA TEMPÊTE QUI GROSSIT ! HHH... ÇA VA JAMAIS S'ARRÊTER LES ENNUIS, OU QUOI ?!
"'

?!!

POK!

!

KZillliin
"'

'''

WWW.W.W.W.

DWWWWW.W.W.W.WWWWWWW

FAUT QU'T'ARRÊTES
D'PLEURNICHER,
TERRY! ... SINON,
TU VAS ENCORE FAIRE
N'IMPORTE QUOI.

MAMAN DISAIT ="QUAND
ON A TROP D'PROBLÈMES,
FAUT COMMENCER PAR
EN RÉGLER UN, ET P'IS
UN AUTRE, MAIS
PAS TOUS À LA FOIS!"

ALORS ... LA' = J'AI FAIM - J'AI
SOMMEIL - J'AI PEUR - J'AI PAS
D'CACHETTE - CHUIS TOUT SEUL - Y'A
UN FOU QUI VEUT M'TUER.

'''

MPFF!

J'VAIS
COMMENCER
PAR TROUVER
UNE HYPER BONNE
CACHETTE!

VOICI UNE CARTE MISE À JOUR D'APRÈS LES DERNIÈRES DONNÉES TOPOGRA-PHIQUES RELEVÉES PAR NOS HÉLICO-PTÈRES.

IL EST TOUJOURS AUSSI FASCINANT DE VOIR LA MANIÈRE DONT LES TERRES BASSES TRANSFORMENT LE MONDE DES LIMBES.

GÉNÉRAL... SAUL A ÉTÉ VU MONTANT DANS UNE VOITURE ET PARTANT EN TROMBE EN DIRECTION DE L'OUEST, IL PARAISSAIT EXTRÊ-MEMENT PERTURBÉ.

EN FAIT, NOUS CRAIGNONS POUR SA SÉCURITÉ. DEVONS-NOUS L'INTERCEPTER AVANT QU'IL N'ATTEIGNE LA VOIE RAPIDE ?

NON, LAISSEZ.

IL REVIENDRA... D'UNE MANIÈRE OU D'UNE AUTRE.

VRROOOoo

29

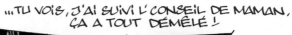

C'EST PAS SÛR QU'LE PLAFOND EN VERRE VA T'NIR ENCORE LONGTEMPS...

OUI, C'EST UNE MAUVAISE NOUVELLE, DOUDOU. MAIS FAUT PAS PLEURER, D'ACCORD?

ON VA RÉUSSIR À S'ENFUIR D'ICI, TU M'CROIS?

OUI, TU M'CROIS.

DEMAIN, ON R'GARDERA AVEC LE MINI-ZÉLICO SI LE MIRACLE D'NOËL A MARCHÉ, ET PIS ALORS ON POURRA DÉMOURIR.

OUI, J'TE PROMETS... FAUT ESSAYER D'FAIRE DODO, MAINTENANT.

FAIS DE BEAUX RÊVES, DOUDOU.

32

WOOOWW

AVANCE !

?

VOUPVOUPVOUPVOUPVOUP

VOUPVOUPVOUPVOUPVOUPVOUPVOUPVOUP

TOUSSAINT ET SES CHIENS DE GUERRE VIENNENT OBSERVER LES TERRES BASSES DE PLUS PRÈS... MAIS ILS NE LES COMPRENDRONT JAMAIS COMME MOI JE LES COMPRENDS.

ALLONS, VIENS : IL EST TEMPS DE PENSER À DÎNER.

CAR CELA FAIT BIEN TROP LONGTEMPS QUE TU N'AS RIEN MANGÉ... TU DOIS ÊTRE AFFAMÉ.

ALORS SOIS MON INVITÉ, DODJI... TOUT CECI EST POUR TOI.

33

SALADE AUX CÈPES CARAMÉLISÉS, VELOUTÉ DE TRUFFES, ENTRECÔTE SAIGNANTE, POMMES DE TERRE NAPPÉES DE CRÈME ET CORIANDRE...

...PLATEAU DE FROMAGES, CRÈMES BRÛLÉES, TARTELETTES AUX FRUITS, CHOCOLATS...

TU PEUX MÊME ACCOMPAGNER TOUT CELA D'UN VERRE DE VIN, SI TU LE DÉSIRES.

JE... JE NE BOIS PAS D'ALCOOL.

...MAIS MERCI.

?

MAIS J'ALLAIS OUBLIER... IL Y A UNE PETITE CONDITION À TA PARTICIPATION À CE DÎNER.

34

EN GUISE DE COUVERTS, TU DEVRAS TE SERVIR EXCLUSIVEMENT DE CECI.

?!!

ET SI TU TACHES LA NAPPE DE QUELQUE FAÇON QUE CE SOIT, DODJI!...TU RETOURNERAS IMMÉDIATEMENT CROUPIR DANS TA PRISON.

HA! HA! HA!!

SALOPARD!!

RHAAAAAA!!

BLAM

HA! HA! HA!!

35

PSST!...
TU M'ENTENDS ?

?!

QUI A PARLÉ ?

ICI...PAS LOIN DE TOI, DERRIÈRE LA DALLE DE BÉTON ! J'AI AUSSI ÉTÉ EMPRISONNÉ PAR LE MAÎTRE-FOU !

JE...JE M'APPELLE DODJI, ET TOI ?

MOI ?...JE NE SAIS PLUS DEPUIS MON ACCIDENT...ET PUIS ÇA FAIT SI LONGTEMPS QUE JE SUIS ICI...

...MAIS CE QUI EST SÛR, C'EST QUE JE SUIS HEUREUX DE NE PLUS ÊTRE TOUT SEUL, DODJI !

DOUDOU !! SECOUE-TOI !!

FAUT S'RÉVEILLER !
Y A EU L' MIRACLE !!

KLIK

T'AS VU C'QUE MONTRE LE MINI-ZÉLICO?

FAUT PAS PERD' DE TEMPS! ON FILE RETROUVER P'PA ET MAMAN!

ON VA PASSER PAR L'CIEL, POUR PAS PREND' DE RISQUES !

ET AVANT DE DESCENDRE, ON VA VÉRIFIER QU'Y A PAS L'MAÎTRE DANS L'COIN ...

ZZZZZZZZZ

ZZZZZZZZ

ÇA VA, J'AI PAS VU SA VILAINE BOBINE.

ON Y EST PRESQUE, DOUDOU!!

ON VA ENFIN POUVOIR...?!

37

OH NON, C'EST PAS DU JEU !...

HAAAAA !!

KRAAK

C'EST PAS DU JEUUUUUU !!

T'AS PAS L'DROIT D'ME SUIVRE !

PASSKE SINON, AVEC TES COUTEAUX ET TES TRUCS POINTUS, BEN TU VAS TOUT FAIRE PÉTER !

HIIIIIIIIIIII!

MPFFFFFFARFF!!

PFUiiiiT PFUiiiiT

...?!

RHAAAA!!

J....J'T'AVAIS BIEN DIT DE PAS M'CHERCHER!

TU CROYAIS QUE C'ÉTAIT UN PISTOLET DE BÉBÉ? BEN NON!!

HAAAA!!

J'AVAIS MIS TOUS MES SACHETS DE POIVRE DANS L'EAU! HA!

T'FAIS MOINS L'MALIN, HEIN?!

RHAAAAA!!

SBAM

WOAW !

RHAN !

HÉ ! HO ! VA FALLOIR ARRÊTER DE FAIRE QUE DES CONNER...?!

BLBBBLOUBBLL

PSHHHHHH

'''KOUP-CHOU ?

43

PLAFF

TIENS BON, KOUPCHOU!!

BLL BLO
BLOUBBLLO
BLUBBLLE
BLUE

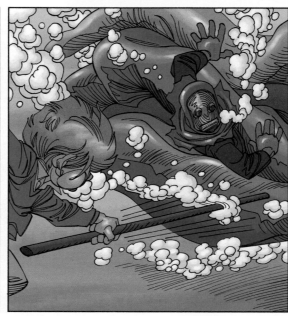

HHH...

HHH...
HHH...

CHUIS DÉSOLÉ D'AVOIR MIS DU TEMPS À T'TROUVER, MAIS... HHH... J'AI PAS ENCORE APPRIS À OUVRIR LES YEUX SOUS L'EAU !

PIS CHUIS DÉSOLÉ DE T'AVOIR FLINGUÉ, AUSSI... MAIS C'ÉTAIT TA FAUTE, T'ÉTAIS TROP MÉCHANT !! ALORS QUE MOI, J'AVAIS RIEN À VOIR AVEC CAMILLE ET SON CADEAU !

HHHH... HHHULU...

LUUUUUU... CIE...

ON VA LA R'TROUVER, J'TE PROMETS.

BAH, TU PLEURES, KOUPCHOU ?... C'EST À CAUSE DE CE QU'Y AVAIT DANS LE PAQUET ?

VOUPVOUPVOUPVOUPVOUPVOUP

DIS, T'ENTENDS ÇA ? C'EST ENCORE LES ZÉLICOS !!

HÉÉÉÉ, MAIS P'T-ÊTRE QU'ILS RETOURNENT À NÉOSALEM EN FAIT ?! ON VA VITE R'GARDER OÙ QU'ILS VONT !

ALLEZ, VIENS, KOUPCHOU !

45

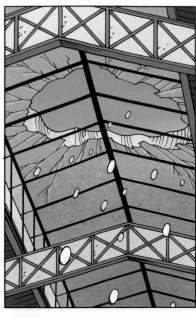

VOILÀ, T'ES PARÉ !

J'AI RÉPARÉ LE PÈSE-MIRACLE, ÇA DEVRAIT TOUT BIEN MARCHER... BONNE CHANCE, DOUDOU !

TU VOIS, KOUPCHOU, COMME ÇA J'ME DIS QUE MÊME SI NOUS ON RETOURNE À NÉOSALEM, P'T-ÊTRE QUE DOUDOU, IL QUITTERA LES LIMBES, LUI.

ET ALORS P'T-ÊTRE QUE MES PARENTS, ILS LE TROUVERONT, AVEC LE MESSAGE QUE J'LUI AI CONFIÉ.

LE MESSAGE OÙ J'LEUR DIS DE PAS ÊTRE TRISTES POUR MOI, QUE ÇA VA...QUE J'APPRENDS À M'DÉBROUILLER.

COULEURS = USAGI.

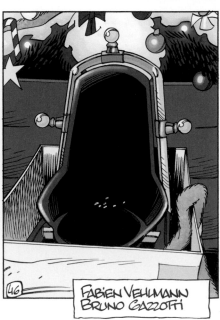

46

FABIEN VEHLMANN
BRUNO GAZZOTTI

48